AUTODISCIPLINA

Método probado sobre cómo desarrollar una autodisciplina enfocada hacia una fuerza de voluntad inquebrantable

(Toma el control y logra tus objetivos hoy)

Eri Ruelas

Publicado Por Jason Thawne

© **Eri Ruelas**

Todos los derechos reservados

Autodisciplina: Método probado sobre cómo desarrollar una autodisciplina enfocada hacia una fuerza de voluntad inquebrantable (Toma el control y logra tus objetivos hoy)

ISBN 978-1-989891-15-5

Este documento está orientado a proporcionar información exacta y confiable con respecto al tema y asunto que trata. La publicación se vende con la idea de que el editor no esté obligado a prestar contabilidad, permitida oficialmente, u otros servicios cualificados. Si se necesita asesoramiento, legal o profesional, debería solicitar a una persona con experiencia en la profesión.

Desde una Declaración de Principios aceptada y aprobada tanto por un comité de la American Bar Association (el Colegio de Abogados de Estados Unidos) como por un comité de editores y asociaciones.

No se permite la reproducción, duplicado o transmisión de cualquier parte de este documento en cualquier medio electrónico o formato impreso. Se prohíbe de forma estricta la grabación de esta publicación así como tampoco se permite cualquier almacenamiento de este documento sin permiso escrito del editor. Todos los derechos reservados.

Se establece que la información que contiene este documento es veraz y coherente, ya que cualquier responsabilidad, en términos de falta de atención o de otro tipo, por el uso o abuso de cualquier política, proceso o dirección contenida en este documento será responsabilidad exclusiva y absoluta del lector receptor. Bajo ninguna circunstancia se hará responsable o culpable de forma legal al editor por cualquier reparación, daños o pérdida monetaria debido a la información aquí contenida, ya sea de forma directa o indirectamente.

Los respectivos autores son propietarios de todos los derechos de autor que no están en posesión del editor.

La información aquí contenida se ofrece únicamente con fines informativos y, como tal, es universal. La presentación de la información se realiza sin contrato ni ningún tipo de garantía.

Las marcas registradas utilizadas son sin ningún tipo de consentimiento y la publicación de la marca registrada es sin el permiso o respaldo del propietario de esta. Todas las marcas registradas y demás marcas incluidas en este libro son solo para fines de aclaración y son propiedad de los mismos propietarios, no están afiliadas a este documento.

TABLA DE CONTENIDO

PARTE 1 1

INTRODUCCIÓN 2

    Detecta tus debilidades 5

MODIFICA TU FORMA DE PENSAR Y ABRE TU MENTE 8

CAMBIA TUS HÁBITOS 15

    Rodéate de asistentes 19
    No te olvides de dormir bien 20
    Nunca te olvides de ejercitarte 22
    Cuidado con lo que comes 25

ESTABLECE Y FORMULA METAS REALISTAS 26

    Con metas realistas, te esfuerzas en obtenerlas hasta que lo logras. 31
    Planifica tu día 31
    Escribe notas y recordatorios 33

LLEVA UN REGISTRO DE TU PROGRESO 35

    Acepta el fracaso inevitable 37
    Entrénate en la incomodidad 38
    Créate un sistema de recompensas 41

TÓMATE UN DESCANSO 45

CONCLUSIÓN 49

PARTE 2 51

INTRODUCCIÓN 52

CAPÍTULO UNO 53

JOCKO WILLINK 53

MILITAR RETIRADO, COACH Y MOTIVADOR PERSONAL ... 53

CAPÍTULO 56

- DOSTIM FERRISSEMPRESARIO 56
- CAPÍTULO TRES 59
- STEPHEN KINGESCRITOR 59
- CAPÍTULO CUATRO 61
- JOE ROGANCÓMICO 61
- RASGOS EXITOSOS 63

Parte 1

Introducción

¿Has sentido alguna vez que tu vida estaba dando vueltas fuera de control? ¿Alguna vez te has sentido derrotado por no cumplir con uno y otro plazo? ¿Te has desconectado de tus afectos porque te olvidaste de hacerte tiempo para ellos? ¿Acabas ignorando tus prioridades y concentrándote en asuntos que no merecen tu tiempo?

Por otra parte, ¿alguna vez te preguntas cómo algunos parecen tener todo el tiempo del mundo para hacer sus tareas? Esas personas "mágicas" parecen no tener problemas con la autodisciplina y consiguen hacer todo, verse como ellos quieren y tener todo en la vida. Eso es una ilusión. Nadie obtiene todo lo que desea. Más bien, las personas eligen lo más importante y avanzan hasta el final.

Una característica común que te hará sentir que no logras nada es la procrastinación Sí, tiene un nombre y nunca más podrás vivir dentro de esta burbuja. Si quieres vivir tu vida con tus propias condiciones, es importante que aprendas a superar tus tendencias de procrastinación. Hacer lo que te place cuando quieres, desafortunadamente no significa que vivas tu vida en tus condiciones. Solo cuando estés tomando todas las decisiones, concretando tus sueños y llevando una vida satisfactoria, te darás cuenta de que eres el autor de tu historia. La procrastinación podría parecer una elección tentadora, pero no te lleva a ninguna parte. Vives en esa ilusión de que todo está bien y un buen día la burbuja explota y te muestra la dura realidad.

Se necesita autodisciplina para obtener tan solo un atisbo de lo que deseas. Quizás quieras montar tu propio negocio desde casa, pero ¿cómo harás para ganar dinero? Quizás quieras escribir un libro, pero pareciera que el tiempo nunca alcanza. Quizás deseas bajar 15 kilos y aun así no puedes planificar las comidas, ir a un gimnasio, ni dedicarte a cambiar tus hábitos.

Has hecho bien en comprar este libro. Aprende a vencer tu procrastinación empleando los consejos y hábitos sugeridos en el siguiente capítulo de este libro. Además, aprenderás a implementar una mejor autodisciplina:
- Explorarás tus debilidades
- Cambia tus puntos de vista sobre la fuerza de voluntad y la autodeterminación
- Crea nuevos hábitos
- **Podrás escribir ese libro**
- **Podrás perder peso**
- **Pondrás en marcha un negocio**
- **Podrás ganar tiempo para leer o mirar tus programas favoritos**
- Establece metas
- Lleva un registro de tu progreso
- Alcanza lo que solo habías pensado o soñado anteriormente

Detecta tus debilidades

Las debilidades interrumpen nuestra habilidad para lograr nuestras metas y deseos. Sí, tu propósito principal es obtener más autodisciplina, pero tienes otros. Tus debilidades se interpondrán en el camino de alcanzar tus metas. Esta es una lista de "excusas":
Necesito ayuda de la familia y amigos.
Nunca podré pereder peso; ya lo intenté.
¡Ah, ese programa parece nuevo y atrapante! Nos tomemos todo el fin de semana.
Intenté y fracasé, así que no volveré a intentarlo.

La lista podría seguir, pero ¿por qué continuar siendo negativos?

Tú solo dependes de ti para alcanzar metas personales y profesionales. Si esperas que tus amigos, tu familia o tus colegas estén listos o disponibles, pues no vas a llegar a ningún sitio. La autodisciplina implica tomar el control y no permitir que sea siempre de otra persona.

A la jovencita que pasó diez años trabajando en sus sueños una vez le dijeron que la "iniciativa" es fundamental para triunfar en su puesto de venta. En esos días sonaba raro, porque cursaba la secundaria y trabajaba en una de las tiendas de ropa con el menor éxito de ventas en el centro comercial y excasos clientes. Aunque el gerente quería que la chica entendiera que ser preciso en doblar las camisas, pantalones y otras prendas y asegurarse de que las perchas estén bellamente perfectas era parte del trabajo. Ella tenía que "inventar" el trabajo para mantenerse ocupada y hacer la tienda atractiva.

Solo tú puedes tomar la iniciativa. Seguro te estarás preguntando: ¿Cómo hago cuando aparentemente no tengo la habilidad? Ya lo aprenderás. La iniciativa retoma las metas que te planteaste y manetiene el control en tu terreno y no en uno ajeno.

Si te rindes porque no lograste bajar de peso, no conseguiste el trabajo que querías o cualquier otra meta, entonces no te esforzaste lo suficiente o te rendiste demasiado rápido. O quizás no probaste tomar la mejor camino que te haga triunfar. Quizás hagas todo lo que puedas y aun así no alcanzas objetivos puntuales; pero insisto, quizás sea cómo intentes alcanzarlos. Por ejemplo, al querer perder peso, todos llegan a una meseta. Detenerse en esa meseta en vez de continuar y cambiar ciertos hábitos de nuevo para impulsarse hacia un nuevo es razón suficiente para que alguien se mantenga en el margen y no lo cruce. Si no bajas de peso al hacer 60 vueltas en la piscina y lo aumentas a 100 vueltas, pues es hora de modificar la rutina o tu alimentación antes de nadar.

Distraerte con lo que te agrada no siempre te ayudará a alcanzar tu meta. Tal vez sea otra forma de dejar que la autodisciplina desbarranque. De pequeños, a menudo nos enseñan a autorrecompensarnos. Queremos lo bueno, no lo malo, y generalmente lo queremos todo ahora mismo. Si sabes que tu debilidad te hará caer en la sensación del "ahora" frente a una recompensa posterior, ya puedes comenzar a modificar tu forma de pensar.

Modifica tu forma de pensar y abre tu mente

Es sumamente importante que tengamos una mente abierta antes de comenzar cualquier trabajo. Quizás te preguntes cómo impactará esto en tu procrastinación. Supongamos que no eres muy aficionado a la geometría. Tu profesor te da una tarea de geometría que contribuirá enormemente con tus notas. Ya que eres reticente a la geometría, no sentirás entusiasmo para comenzar con la tarea inmediatamente. Continuarás apartándola, hasta que sea demasiado tarde. Cuando acabas haciendo una tarea a las corridas, la calidad de tu trabajo también se verá afectada. Que no te sorprenda obetner una mala nota por esa tarea. Solo alimentará tu prejuicio por la materia aún más. Lo mismo pasa cuando intentas posponer un trabajo con un colega que no te agrada.

Cuando comienzas a huir de tus problemas, solo te esperan fracasos y más procrastinación. De ahí que es sumamente importante que tengas una mente abierta antes de comenzar cualquier tarea. Esto te ayudará a ver el lado positivo en todas las situaciones y a desarrollar un pensamiento positivo. El tener un pensamiento positivo te ayudará a ver soluciones posibles, aún cuando te encuentres en crisis. Cuando estás pensando en los pasos a seguir, ya no estás más en el tipo de pensamiento de la procrastinación. Por supuesto que llevará muchísima práctica desarrollarlo. Pero puede resultar ser un enorme punto de inflexión, no solo en tu carrera profesional, sino en todos los aspectos de tu vida.

La gratificación instantánea es hermosa, pero casi no te ayuda. Pero la vida es corta. Sí, el cliché. Nunca sabrás si tu vida acbará debido a un desastre natural o a una afección medica desconocida, o si te quedan cuarenta años de vida. No tenemos fecha de vencimiento. Pues, ¿qué te hará feliz en la vida?

¿Serás feliz cada vez que te alejes de la meta porque te falta autodisciplina para alcanzar tu potencial real? La mayoría de la gente no es feliz cuando ve que su propósito se le escapa entre los dedos todos los días.

Puede que mirar una serie de TV parezca divertido, pero pronto te hará sentir infeliz o insatisfecho. Uno: cuando tienes que ir al trabajo y dejas de verla, todo lo que desearás hacer es regresar a casa y terminar la siguiente temporada. Dos: cuando se acabe la serie completa, sentirás un vacío. Tres: comenzarás a darte cuenta de que tus metas no se han cumplido, todo porque caíste en otra tentación más, por el hecho de sentirse feliz en el momento.

Es hora de un reajuste para aprovechar tu potencial. Se necesita ver cómo te percibes a ti y tu vida. También es necesario entender la autodeterminación y la fuerza de voluntad como la forma en que tu mente puede ser el arma más poderosa que tengas contra ti mismo.

Tu mente es solo tuya, de nadie más. Por su puesto, le enseñaron a pensar. Además, cuando miras a tu alrededor, tienes deseos. Asi y todo, solo tú puedes modificar cómo ella reacciona. Solo tú puedes cambiar el ciclo que continúa con la constante autorecompensa.

Retomemos lo de mirar series de TV. Tienes una hora mientras termina la lavadora o antes de salir a cenar con alguien. Decides mirar un episodio, pero uno no es suficiente. Ahora quieres ver otro, y cuando ése termine, querrás saber qué pasa. Los programas televisivos están pensados para dejarte con la intriga, para que vuelvas semana a semana para ver qué pasa. Por supuesto que te olvidas de la lavadora cuando automáticamente empieza un segundo episodio. De pronto, has desperdiciado ocho horas y deberías haberte ido a dormir hace tres, y te sientes infeliz.

Para romper ese ciclo, necesitas volverte enfocar en tu mente. Se puede empezar con una meta. También es necesario saber cuáles son tus debilidades. Ahora que ya sabes esas dos cosas, puedes comenzar a repensar cómo piensas.

Comienza con una lista. ¿Qué necesitas lograr en el día?

Tu lista podría ser algo así:
1. Cambiar las piedritas del gato.
2. Barrer y pasar la aspiradora.
3. Publicar lo referido a mi meta en

Twitter y otras redes sociales.
4. Hacer la cena.
5. Recoger a los niños.

Puede que tengas un día laboral que te dé un margen menor de tiempo para realizar lo que tienes que hacer. Si eres de los que se pasan horas mirando TV en vez de alcanzar sus metas, necesitarás pensar en esta lista cuando tengas en mente comenzar un episodio del último programa que estés mirando.

Deberás examinar lo que sea que generalmente te distraiga de tu porpósito del día. Si comienzas esa actividad en vez de hacer lo que debes hacer para alcanzar tu potencial, ¿qué sacrificarás? ¿Te hará feliz? ¿Te sentirás orgulloso? ¿Te sentirás bien contigo mismo? ¿Sentirás que las cosas se salen de control? Averigua las respuestas a cómo te sentirás si desatiendes las cosas que son más importantes que la debilidad que te distrae.

Esto te obligará a ser autodisciplinado durante el día.

Pero he aquí una advertencia: A veces pensarás demasiado en algo que deseas lograr en un día al punto que no puedes deshacerte de la presión. La clave es elegir una meta por vez. Concéntrate en lo más importante, realízalo y continúa con lo siguiente.

Tu forma de pensar también puede comenzar a comparar la importancia de tus metas. Por ejemplo, si miro series de TV y soy un blogger, ¿cómo puedo hacer para que esa experiencia sea algo provechoso? Miro durante una hora y luego escribo un blog. Si leo durante una hora, luego puedo agregarlo al blog. Como ves, hay recompensa para el entretenimiento. Encuentra tu recompensa secundaria y pronto tu forma de pensar se transformará en un enfoque más disciplinado.

Cambia tus hábitos

Ya es hora de que tomes el control de tu vida y que no sucumbas a tus tendencias de procrastinación. Por su puesto que no va a ser tan fácil cambiar drásticamente tus hábitos. Como se dice, los viejos hábitos tardan en desaparecer. Pero, si eres paciente y realizas cambios graduales en tu forma de pensar y de vivir, definitivamente podrás vencer la procrastinación y llevar una vida productiva. Te ofrezco aquí una lista de sugerencias o consejos que puedes implementar de forma gradual y obtener los máximos beneficios. Recuerda: la palabra clave es paciencia. Tómalo con calma e incorpora estos consejos, uno a la vez, y observa cómo tu vida va cambiando para siempre.

Se pueden modificar los hábitos si estás dispuesto a trabajar lo suficiente. Pongamos de ejemplo lavar los platos. Nadie quiere hacerlo. Sin embargo, ahí están después de comer, siempre torturándonos. Algunos evitamos ese problema comiendo afuera, algo que no es la forma más saludable de mantener tu peso ni tu salud. Otros dejan que los platos se acumulen hasta que ya no pueden usar la cocina y deben hacer algo al respecto. Aún si tienes un lavavaijillas, eso no facilita para nada la tarea de lavar los platos.

Ahora, ¿si cambias tus hábitos como una pequeña forma de obtener más autodisciplina? ¿Y si sacaras algo del freezer que va directo al horno? El horno tiene que calentarse por lo menos durante cinco minutos, según la temperatura que programaste y la temperatura de tu casa. Mientras esperas que el horno se caliente, ¿por qué no mejor comenzar con los platos? Es como si esperaras que hierva el agua o que se se caliente la sartén en la cocina. El punto no es lo que haces, sino cómo decides usar los cinco o más minutos de espera que tienes.

La persona que tiene la autodisciplina para

lavar los platos mientras se hace la comida, ocupándose de la cocción, y sumando más platos limpios, es alguien que no tiene que lavarlos apenas haya terminado de comer. Después de comer, terminar de lavar los platos es fácil y lleva menos tiempo precuparse por eso.

Tomemos otro ejemplo. Supongamos que tienes algunos gatos con una bandeja sanitaria para cada uno. Si limpias una bandeja, pero tienes que limpiar todas y no lo haces, entonces te falta autodisciplina. Una persona que saca el deshecho pero lo deja en una bolsa, también está dejando las cosas para después, cuando deberían hacerse ahora. Si tocas algo, ¿por qué querrías tocarlo dos veces, moverlo, o aún peor limpiarlo una segunda vez porque el perro se mete ahí?

Para cambiar tus hábitos, necesitas establecer nuevas reglas:
1. Si estás haciendo algo, completa todos los pasos.
2. Si no puedes completar un proyecto dentro del marco de tiempo disponible,

encuentra a alguien que pueda.

3. A veces comienzas un proyecto sabiendo que necesitarás más tiempo del que tienes. Distribuye tu tiempo sabiamente, concretando una cantidad de pasos.

4. Llena el tiempo con otros proyectos. Un buen ejemplo es hacer la lavandería. Ya sabes que son 30 minutos para el ciclo de lavado y una hora para el de secado. En 30 minutos, ¿qué puedes completar? ¿Es algo que puedas retomar a la hora siguiente mientras se seca la ropa, o que puedas terminar en 30 minutos y comenzar algo más?

Cambiar tus hábitos se trata de alterar tu forma de pensar y la manera de ver las tareas que tienes ante ti. Si te enfocas en alguna actividad, es más fácil terminarla cuando tienes otras cosas que necesitas hacer.

Rodéate de asistentes

- A menudo la familia y los amigos son nuestros facilitadores. Se interponen al sugerirnos hacer cosas divertidas cuando en realidad debemos enfrentarnos a la incomodidad.
- Revierte la situación.
- Prioriza tus metas, ya sea que tus amigos quieran ayudar o no.
- Encuentra a otros con los que te puedas rodear, para asegurarte de que no volverás a distraerte.
- Distingue a las personas que te apoyarán con tus metas y serán realmente útiles de las que no lo harán.

Te gustaría creer que tu familia te ayudará, pero si no entienden lo que deseas y lo que intentas lograr, será más difícil que te apoyen. No se trata de que tu familia y tus amigos ignoren lo que necesitas. Sus propias vidas y necesidades eclipsan las tuyas. En vez de afligirte, enojarte o de nunca alcanzar lo que necesitas, rodéate

de personas que te entiendan.
- Encuentra a las personas que van a apoyarte en lo que hagas, sea que te ayuden con tu meta o que te alienten cuando desaparezca tu perseverancia.

Sí, la autodisciplina tiene que ver contigo, pero eso no quita que puedas buscar ayuda cuando la necesites.
Mágicamente, cuando sabes que alguien se siente como tú y quiere asegurase de que triunfes, eso te potenciará. Crecerá tu seguridad.

No te olvides de dormir bien

Dormir lo suficiente no es solo importante para tu salud mental, sino también para el efectivo funcionamiento de los otros órganos de tu cuerpo. Cuando duermes bien, rara vez te sentirás cansado. Podrás matener tus niveles de energía y continuar esforzándote al maximo. Un motivo importante de por qué acabamos procrastinando es la falta de energía suficiente. Una mente bien descansada también puede mejorar tu capacidad de atención. Con claridad mental mejorada y niveles de energía sostenibles, serás una fuerza a enfrentar.

Algunos consejos para que consigas dormir bien son de esta manera:

- Asegúrate de que no haya ninguna distracción en el dormitorio antes de que te acuestes. Ellas pueden ser laptops, teléfonos, iPad, etc. No querrás que estas distracciones te mantengan despierto durante la noche, cuando podrías estar durmiendo plácidamente.
- Antes de acostarte, asegúrate de que tu mente esté calma. Siéntate en un lugar tranquilo, libre de toda distracción, y medita durante cinco minutos. Si eliges no meditar, solo escucha música relajante antes de dormirte.
- Si eres de los que se distrae con la luz más leve alrededor, ayúdate con una máscara para dormir. Si no quieres distraerte con ningún ruido, usa

tapones.

- Si acabas dejando tu teléfono al lado de la cama, asegúrate de apagar las notificaciones y alertas. Nada es más importante que conseguir dormir bien por la noche, ni si quiera el trabajo. Así que, no dejes que los e-mails o mensajes de texto te despierten en la mitad de la noche.

Nunca te olvides de ejercitarte

¿Cuántos de nosotros dan por sentada nuestra salud? Estoy muy seguro de que la mayoría de nosotros tendemos a subestimar nuestra salud y bienestar. En verdad no dedicamos tiempo ni esfuerzo para asegurarnos de que llevamos un estilo de vida saludable. El no mantenernos saludables es una enorme razón para que procrastines. La falta de un estilo de vida saludable te lleva a procrastinar debido a las siguientes cuestiones:

Te enfermas con frecuencia. Y eso pone en

peligro tus niveles de energía. Sin importar lo que comas, siempre sientes que tus niveles energéticos se agotan rápidamente. La falta de energía es una causa muy importante detrás de nuestra procrastinación.

Enfermarse seguido también impacta nuestros niveles de seguridad. El elemento de la imprevisibilidad, en cuanto a la salud, lentamente comienza a atenuar tu seguridad. Dejas de tomar más trabajo o de divertirte, porque temes enfermarte de nuevo. Aun si comienzas algo nuevo, tus bajos niveles de seguridad afectan tu motivación para trabajar y acabas posponiéndolo.

Tu claridad mental también se ve afectada como consecuencia de una salud débil. Así, no podrás concentrarte en nada durante un largo periodo de tiempo. A su vez, esto te hace posponer muchas cosas en tu agenda.

Una forma fácil de asegurarse de que estés

en un buen estado de salud es ejercitar periódicamente. El ejercicio con regularidad también es importante para desarrollar la autodisciplina. Con un estilo de vida saludable y una autodisciplina mejorada, tus niveles de confianza mejorarán automáticamente. Tu capacidad de antención mejorará enormemente y te sorprenderás de cuánto trabajo puedes lograr en un corto período de tiempo. Pero de nuevo, ten expectativas mínimas cuando comiences a ejercitar. No siempre es posible acostumbrarse al esfuerzo físico de un primer momento. Por supuesto que al principio será muy doloroso. Por eso, la clave es empezar con poco. Comienza a ejercitarte durante unos minutos al principio. Cuando tu cuerpo empiece a sentirse cómodo con la cantidad de ejercicio, aumenta el tiempo dedicado a la tarea.

Cuidado con lo que comes

Otra forma de garantizarte un estilo de vida saludable es asegurarte de ingerir alimentos saludables. Ya he recalcado lo importante que es llevar un estilo de vida saludable. Los beneficios clave de la alimentación saludables son los siguientes:

Podrás mantener tus niveles de energía durante un lapso mayor. Así podrás estarás motivado a realizar mucho trabajo y a no posponerlo.

Cuando eliges lo que comes, también estás disciplinando tu cuerpo y tu mente. La autodisciplina mejorada te garantiza que no procrastines innecesariamente.

Ciertos alimentos ciertamente pueden mejorar tus funciones cognitivas; y esto a su vez impacta también en tu productividad.

A continuación, algunos consejos para que comas sanamente:

- Asegúrate de leer la etiqueta de los productos de almacén al elegirlos. Cuando comiences a leer las etiquetas, tendrás una mejor idea de lo que va a tu plato.
- En lo posible, trata de cocinarte tus propias comidas. Esta es otra forma de asegurate de que te ajustes al régimen.
- Asegúrate de alejarte de las comidas procesadas.
- Bebe abundante agua durante todo el día. Esto garantizará que tu cuerpo esté hidratado y que no interfiera en tus niveles de energía.

Establece y formula metas realistas

¿Cuántos de nosotros tenemos el problemade llegar al fin del día sin ningún objetivo o propósito? Cuando no existe un objetivo o propósito, nuestros esfuerzos rara vez se canalizarán de manera positiva. Esa falta de dirección también nos lleva a tomar con ligereza las tareas que nos encargan y así acabamos procrastinando. Para darle fin a esa tendencia, crea una lista de áreas o metas prioritarias. Reconozco que te podría sonar como un proceso extraño y complejo. Pero, créeme cuando te digo que podrás fácilmente elaborar metas a corto y largo plazo si estás dispuesto a dedicarle tiempo.

Para comenzar, tómate un tiempo y escribe lo que querrías ser en un año. Puede tener que ver con tus finanzas, tu salud o tu profesión. Supongamos que yo quisiera bajar 7,5 kilos y estar en buen estado físico para participar en una maratón antes del fin de un año. Eso pasará a formar parte de mi lista de metas para el año que viene. Con ese objetivo en mente, pensaría dos veces antes de saltearme los ejercicios o de holgazanear y no prepararme comidas saludables. Cuando tengo metas similares respecto a mi profesión o mi formación, lo pensaría dos veces antes de postergar cualquier tarea o informe, teniendo en cuenta el impacto a largo plazo que tendrá. Como puedes ver, las metas definitivamente te darán una sensación de dirección y te harán ver cómo lo que haces a diario, a la larga, importa.

La autodisciplina comienza con una meta: un foco que te conducirá al cambio. Sin el deseo de mejorar tu vida o tu potencial de negocios, no obtendrás autodisiciplina. Lo que a muchos les cuesta es comenzar con una meta que parece no convincente, o porque nunca lo inentan.

Una joven probó varias profesiones antes de regresar a la casa de sus padres. Creyó que obtendría un trabajo de revendedora y que al menos ganaría suficiente dinero como para mudarse a un lugar propio. Pero los trabajos eran frustrantes, nada de lo que ella quería, así que se arriesgó. Pensando que no había nada malo en intentar, publicó un aviso en línea con su currículo. Hace ya diez años que lleva trabajando en lo que soñó. Hacía poco que había comprado su primera casa y que había alcanzado sus metas personales y profesionales.

Todo lo que hizo falta fue una actitud de "no vendría mal" probar con algo que ella quisiera. Las piezas debían acomodarse. Alguien tenía que estar dispuesto a darle una oportunidad, pero antes que nada, ella tenía que aprovechar la oportunidad.

Si hay algo que deseas, dentro de lo moral y la justificación ética que logre mejorar tu vida o tu potencial comercial, debes tener la capacidad de intentar.

El primer paso para creer que puedes lograr cualquier cosa que te propongas en tu mente es conseguir establecer metas. La meta puede ser tan simplista como quieras que sea.

Por ejemplo, podrías decidir en el Día Uno que publicarás tu currículo en un sitio web dirigido hacia tu interés profesional. Si estás tratando de perder peso, quizás establezcas tu primera meta al determinar qué tipo de ejercicio te agrada y disfrutas.

La información que te doy no podrá decirte cuál debería ser tu primera meta. La moraleja es decidir cómo comenzar con una meta que tengas.

Para las metas de negocios, necesitarás tiempo. Puede que no obtengas una respuesta de la noche a la mañana. La clave consiste en actualizar el contenido, probando otros lugares para publicar el currículo y en hacer que las redes sociales se preparen.

Cada día debe ser una meta dirigida a darte a conocer en el campo profesional para el cual calificas.

No puedes establecer una meta de perder 5 kilos en dos días, conseguir un empleo el mismo día que publicas tu currículo o ganar un millón de dólares en un año. Todos estas metas son exageradas, porque cietos aspectos de la vida están fuera de nuestro control. No puedes obligar a que alguien te dé un empleo o que encuentre tu currículo inmediatamente. No puedes conseguir que tu cuerpo se alinee de inmediato y que pierda peso de un día para el otro.

Con metas realistas, te esfuerzas en obtenerlas hasta que lo logras.

Es fácil decir todo esto, otra cosa es lograrlo. Muchas cosas se interponen: algunas logran distraerte y otras están fuera de tu control. Solo recuerda que un dia por vez es todo lo que necesitas para enfocarte en obtener lo que deseas. Cada día tendrás una nueva meta que alcanzar. Puede ser tan simple como bloguear para darte a conocer, agregar un nuevo empleo en LinkedIn u otra cosa. Sin importar lo que sea, debe ser una meta pequeña y alcanzable para que te ayude a alcanzar la gran meta.

Planifica tu día

Igual que antes, no consideres un ejercicio

engorroso el planificar tu día. Todo lo que necesitas hacer es apartar entre 10 y 15 minutos cada mañana para planificar tu día. Si consideras que no puedes disponer de tiempo por la mañana, podrías planearlo también la noche anterior. Apenas te acuestes, saca tu diario y anota tareas para el día siguiente. Una ventaja de hacer esto es que sabes cuánto has logrado en el día y qué cosas te quedan pendientes para el final de la jornada. Esto te dará una idea de las tareas que deben ser programadas para el día siguiente.

Elaborar un cronograma es muy sencillo y te sorprenderás cuánto puede orientarte algo tan simple. El cronograma que crees no debe ser extremadamente detallado. Todo lo necesario es una lista de tareas que deben cumplirse antes del final del día. Para agregarle más valor a tu cronograma, dibuja otra columna al lado de la lista para indicar cómo estas tareas se relacionan con tus metas generales. Si por ejemplo uno de los puntos es completar una tarea, escribe "buenas notas" junto a él. Eso te dará una idea de lo importante que son las tareas y te ayudará a priorizar según sea necesario.

Escribe notas y recordatorios

Usar recordatorios es uno de los métodos más eficaces de que asegurarte no dejarte caer en el hoyo de la procrastinación. Como dije anteriormente, observar tu progreso y tomarse recreos a tiempo son sumamente importantes. Allí es donde los recordatorios demuestran ser los más útiles. Se los puede usar para diversas cuestiones. Puedes usarlos en un nivel macro, en donde se te recuerde cuáles son tus metas para la semana o para el mes. En escala menor, los recordatorios se establecen para ayudarte a mantenerte enel buen camino.

En esta pelea contra la procrastinación, tu teléfono es sin dudas tu arma más poderosa. La función de establecer recordatorios nunca ha sido tan fácil. Hay muchas aplicaciones disponibles que puedes utilizar. También lo puedes hacer a la vieja usanza: ten recordatorios escritos a mano en forma de adhesivos.

Como dije antes, puedes ponerte recordatorios de dos formas: a nivel macro y micro. Puedes realizar una lista de tareas para un mes, por ejemplo, y luego poner recordatorios en tu teléfono que te avisen en intervalos predeterminados de 10 o menos días, para que tengas una idea de lo que te queda por hacer para completar el recordatorio del mes. De cierta manera, estos recordatorios te ayudarán a seguir tu progreso.

Se puede usar el mismo concepto para poner más recordatorios frecuentes a nivel micro. Puedes ponerte recordatorios todos los días y así ayudarte a cumplir con tu cronograma. Presta atención a la frecuencia de los recoratorios. Demasiados recordatorios pueden molestarte y podrías acabar tocando el botón de ignorar la próxima vez que un recordatorio aparezca en la pantalla.

Si tiendes a ignorar los recordatorios, acude a la ayuda de familiares o amigos, para que te recuerden tus próximas fechas límite. Los recordatorios también pueden usarse para que no te olvides de tus recreos y otras cuestiones relacionadas con tu vida personal y social. No hay nada de malo en ayudarse con los recordatorios. Es algo que te ahorrará la tensión de recordar. Asi que, acude a los recordatorios, en cualquier lugar posible.

Lleva un registro de tu progreso

Crear un cronograma e intentar implementarlo solo te ayudará a la mitad. Si no sabes que tu plan no está funcionando, acabarás preguntándote por qué tus esfuerzos nunca se tradujeron en resultados. Si continúa esta tendencia, acabarás frustrándote y tus niveles de seguridad también descenderán. Una foma de asegurarse de que estás yendo por buen camino es llevar un registro de tu progreso. Cuando revises tu progreso, sabrás dónde estás. Eso también te ayudará a tomar conciencia de la importancia del tiempo que te queda. Por ejemplo, supongamos que te das cuenta de que has completado solo una pequeña porción de tu cronograma antes del mediodía y todavía tienes muchas cosas que completar antes de que acabe la jornada. Esa comprensión te ayudará a planificar las siguientes pocas horas de una manera más efectiva. Podrás priorizar y conseguir hacer por lo menos las tareas importantes. Eso te asegurará de que no postergues ninguna tarea importante y que cause un impacto grave. Como dije antes, puedes usar tus recreos para revisar tu progreso.

No creas que este ejercicio te llevará mucho tiempo. Revisar tu progreso podría ser tan sencilo como tachar ítems de tu lista una vez completadas. Podrías agregar más detalles como, por ejemplo, qué tan perfecta salió la tarea, el tiempo que llevó completarla, cualquier divergencia que hayas tenido, etc. Esa información te ayudará definitivamente a planear mejor tu día siguiente. Hasta que no sepas que tus esfuerzos se canalizan de la manera más productiva posible, nunca podrás obtener los mejores beneficios. Por eso, es sumamente crucial que revises tus progresos periodicamente. Dejaré que tú juzgues la periodicidad de las revisiones. Si no tienes tanta confianza en tu gestión de tiempo o de entrega, te recomendaría que hicieras revisiones más frecuentes. Eso te dará un baldazo de realidad y te ayudará a modificar tu ritmo. Si te sientes confiado con tu enfoque, podrías preparte para una revisión al final del día.

Acepta el fracaso inevitable

A nadie le gusta efrentar un revés. Pero no todo saldrá a tu manera. Para que obtengas más autodisciplina, tendrás que levantarte cuando fracases.

Un fracaso puede ser tan sencillo como no

alcanzar una meta en el día. Puede ser distraerse antes de volver a retomar o no alcanzar la meta que te pusiste para un año o para cinco.

Se siente bien cuando alcanzas tu meta, pero el control no es algo que siempre puedas tener. Desafortunadamente, las cosas pueden interferir. Tu pareja, madre, padre o hermano pueden enfermarse o necesitar apoyo, y tu vida queda en espera. Trabajar sobre lo que te interrumpe es adonde acude la autodisciplina. Si consigues tener cinco minutos para dedicarte a tu meta, tienes autodisciplina.

Entrénate en la incomodidad

Es algo honesto escribir las primeras cuatro estrategias para obtener autodisciplina, pero todavía tienes que cumplirlas. Debes olivdarte de la recompensa inmediata para la meta. Claro que tienes muchas recompensas por delante, pero demasiadas pueden hacerte descarrilar. Después de establecer tus metas, descubre tus debilidades, trabaja en tu forma de pensar e idea una estrategia para cambiar tus hábitos. Necesitas atravesar el entrenamiento en la incomodidad.

No nos gustan los asuntos arduos, esos que nos hacen sentir incómodos. Nos gusta quedarnos con los conceptos cómodos y familiares. Huímos de todo lo que nos aterra o nos preocupa.

La mejor manera de entrenarse es enfrentar una pequeña incomodidad. Al igual que con los platos, comenzar un pequeño proyecto que no tiene recompensa es una manera de enseñarte a ti mismo a alcanzar una meta sin importar cómo te haga sentir.

La verdad es que la meta final debe importante bastante para que continúes hasta el final con todo.

Por lo general, un escritor detesta editar, pero así y todo lo tiene que hacer para que le publiquen el libro.

Un contratista a quien le encanta construir tendrá que hablar con clientes para ganar dinero.

Siempre hay cosas que nos incomodan.

Quizás ansías mejorarte y necesitas autodisciplina para atenerte a tus metas. Tal vez no te guste repetir algunas cosas que ya aprendiste. Supongamos que quieres refrescar tu memoria sobre idiomas que has aprendido, lo que implica atravesar por decenas de palabras y frases que ya conoces. Es tedioso. Lo recuerdas rápidamente, pero todavía necesitas algo para avanzar en la lengua.

Entrenarse en la incomodidad es enfrentar lo que no te gusta y seguir adelante de todas formas.

Una tarea en el trabajo puede causar

miedo y preocupación de no estar calificado o de dejar alguien disconforme.

La persona que supera esos sentimientos y realiza el trabajo y obtiene una recompensa que no esperaba es la persona más feliz.

Entonces, afronta la incomodidad y esfuérzate para avanzar.

Créate un sistema de recompensas

¿Quién no preferiría tener motivación para comenzar con las tareas de su cronograma? Un sistema de recompensas sólido definitivamente nos ayudarará a comenzar. Tener un sistema de recompensas te ayudará de las siguientes maneras:

Sin importar cuánto desees posponer algo, una recompensa muy cercana te motivará definitivamente para que te atengas a tu cronograma y consigas hacer la tarea.

Una recompensa puede ser un resfuerzo positivo. Por lo tanto, eso te ayudará a cultivar hábitos saludables.

No necesitarás una tercera persona que te motive cuando tengas un sistema sólido de recompensas a punto.

No obstante, es importante que no nos sobrepasemos con nuestras recompensas. Para asegurarnos de que nuestras recompensas son justas, es imprescindible que tengas algunas normas básicas, tales como:

Asegúrate de concederte unarecompensa a tiempo. Si no mides bien el tiempo de tu recompensa, el propósito de tener una recompensa no se cumple. Debe ser inmediata, donde sea necesario, para garantizar que hagas el trabajo en cuanto al cronograma.

Elegir una recompensa excesivamente grande tiene mucho que ver con el impacto de tus niveles de motivación. Si decides relajarte con algo extravagante, podrías perder de vista la imagen general y acabar saliéndote del cronograma. Una recompensa muy generosa también impactará tu autodisciplina en gran medida. Al mismo tiempo, nose debería caer en la austeridad mientras se eligen las recomensas. Si eliges una recompensa frugal, no te importará completar la tarea frente a ti, porque no hay nada sustancioso que te aliente a seguir.

Trata de que tus recuerdos sean positivos, todo lo posible. Cuando tienes refuerzos positivos como recompensas, puedes usarlos como una oportunidad para cultivar hábitos saludables.

Cuando intentes elegir una recompensa, asegúrate de no escoger algo irrealizable. Tu recompensa debe ser práctica y factible. Solo entonces confiarás en el sistema de recompensas. Confiar en tu sistema de recompensas es importante para queéste tenga impacto en ti. Por ende, no dejes volar tanto tu imaginación cuando elijas una recompensa.

No elijas tus adicciones como tus recompensas. Lo que tratas de lograr al deshacerte de la procrastinación de tu vida es obtener más disciplina y productividad. Cuando sale la carta de mejorar la autodisciplina, lo primero que debes hacer es atender tus adicciones. A menudo perdemos noción del tiempo, ya que estamos consumidos por nuestras adicciones. Empero, es importante que tus recompensas no tengan que ver con tus adicciones.

Tu recompensa debe contar con sentido y propósito. Eso es importante para captar tu atención. Si no tienes una recompensa significativa, ni siquiera te entusiasmarás para trabajar por ella.

Crea recompensas específicas. Tener recompensas específicas de veras puede motivarte, más de lo que imaginas. Si tu recompensa es específica, podrás visualizarla bien. Esa visualización pronto nos sacará del sofá y nos obligará a enfocarnos en el trabajo por hacer. Por el contrario, si es una recompensa genérica, no estarás tan entusiasmado por ella como deberias.

Sé que todo esto suena a trabajo extra. Pero cuando haces toda esta tarea, lo que obtendrás es un sistema de recompensas funcionando a pleno, algo que puede motivarte en cualquier tipo de situación.

Tómate un descanso

¿Eres de los que creen que los recreos son una pérdida de tiempo? Veamos, es hora de que cambiemos la perspectiva. Los recreos son vitales para garantizar que te mantengas productivo durante todo el día. Otra causa común por la que la mayoría pospone las tareas es porque la tarea que hay que hacer simplemente no apela a nuestro interés. Podría pasar que no nos interese nada hacer cierta tarea, razón que nos hace dejarla para después. Para asegurarte de que no te aburras, es sumamente importante que tomes recreos del trabajo o de lo que sea que hagas.

Permíteme resaltar unos cuantos beneficios de recreosoportunos:
- Los recreos garantizan que la monotonía no se cuele en tu trabajo. Sabemos cuán productivos seremos cuando no estamos hundidos en la monotonía.
- Te sentirás totalmente renovado cuando tomes un recreo de lo que hagas. Ergo, los recreos son una buena oportunidad para recargar tu cuerpo y tu mente.
- Podrás calcular la cantidad de progreso logrado hasta ahora. Eso te ayudará a prepararte para el resto del día. También podrás identificar cualquier distracción y hacer las modificaciones necesarias para tu plan.

- Podrás enfocarte mejor en tu trabajo después de volver de un recreo breve.

No obstante, es importante que no te dejes llevar por los recreos. Si no los manejas con cuidado, tus recreos te harán procrastinar. Ten en cuenta algunas cosas al decidir sobre tus recreos.

Elige la frecuencia y la duración de tus recreos de forma apropiada. Deben complementar la inmensidad de trabajo que se necesitó. Por ejemplo, si has trabajado en algo durante una hora, tu recreo no debería exceder los 10 o 15 minutos.

Hazlo una práctica, así te atienes al tiempo que dispones para los recreos. Si eres de los que se distraen fácilmente, ayúdate con los recordatorios.

No realices actividades que insumen mucho tiempo durante tu recreo. El punto crucial de tomarse un recreo es asegurarse de que te sientas renovado y que no te agobies.

No tomes recreos no programados, a menos que sea extremamente necesario.

Conclusión

Ahora que hemos llegado al final del libro, estoy seguro de que debes sentirte optimista para tomar a la procrastinación por las astas y deshacerte de ella. Sé que parece demasiado esfuerzo hasta aquí. Pero, créeme que cuando realizas cambios graduales en tu vida, te sentirás sumamente contento de haber atravesado ese trayecto.

Más que nada, lograrás tus metas siempre que las establezcas. Cambia tu forma de pensar y no dejes que nadie te influencie. Si puedes rodearte de personas que te ayudarán y que no te obstaculizarán, puede que mejores tu autodisciplina.

Ahora que has llegado al final de las sugerencias, espero que tengas una idea de dónde puedes mejorar tus hábitos para asegurarte de usar la autodisciplina para lograr tus metas.

Lleva tiempo y puede que experimentes fracasos antes del éxito. Sin embargo, el éxito será aún mejor cuando sepas que tuviste que trabajar arduamente para lograrlo y superar la incomodidad que sentías al comienzo.

Solo tú puedes mejorar. Tú eres el único en tu vida que puede hacer que algo pase, pero debes desearlo lo suficiente. Las personas con gran autodisciplina desean tanto algo que se inventan formas para disponer de tiempo para lograr todo en un día, una semana, un mes o un año, y eso les ayuda a alcanzar su meta más importante.

Sé uno de ellos: pon tus metas por sobre tus debilidades.

Espero sinceramente que este libro te haya parecido útil. ¡Nuevamente te agradezco por comprarlo!

Parte 2

Introducción

Hola y gracias por comprar este libro. Espero que inculque una base sólida en su vida y lo ayude a lograr sus metas y sueños. Hay cuatro capítulos sencillos que observan las vidas de cuatro personas exitosas, sus hábitos y su mentalidad que les permitió tener éxito. Finalmente, hay una lista de puntos principales que sirven como una guía de bolsillo que puede consultar cuando sea necesario.

Capítulo Uno

Jocko Willink

Militar retirado, Coach y motivador Personal

Él también tiene su propio podcast donde discute todo, desde la guerra hasta las artes marciales mixtas; es un practicante brasileño de jiu jitsu. Es autor de varios libros y ha dado discursos a las lecciones de enseñanza pública que ha aprendido de la extensa experiencia de combate que tiene.

Sin importar la situación que Jocko y su equipo enfrentaran, siempre llegaban a tiempo. No importaba si tenían un largo día y solo dormían unas pocas horas, estaban listos para las sesiones informativas de la mañana. De hecho, se despertaban mucho antes para comenzar un entrenamiento o preparación para un evento específico que pudiera ocurrir. Como un joven SEAL, observó que sus líderes se despertaban sin importar lo que sucediera la noche anterior igualmente se desempeñaban a un alto nivel. Esto acrecentó la importancia de ser una persona disciplinada; Especialmente cuando su vida y la de los que le rodeaban dependían de ello.

Fue en tiempos como estos cuando se formó su punto de vista sobre la vida y la autodisciplina. Una de las principales razones por las que tiene éxito y vive una vida que puede disfrutar genuinamente es debido a su mentalidad. Si bien a la mayoría de las personas no les gustan las tareas desafiantes, él las busca. La razón detrás de esto se debe al inmenso crecimiento y madurez que proviene de aprender cosas nuevas; La lucha es buena para usted. Las personas priorizan su vida en torno a lo que más quieren o les importa. Vale la pena buscar cualquier cosa de valor y esa cosa que vale la pena tendrá algún nivel de dificultad para obtenerla. No dude en buscar algo de valor simplemente por temor a las fallas o dificultades. Cuanto más sólido sea el fundamento de la disciplina, más libertad y poder tendrá para perseguir lo que cree que es importante. Aquí hay un ejemplo de cómo Jocko programa su día para terminar las cosas que valora.

Típicamente, se despierta alrededor de las cinco, algún día un poco más temprano. Habiendo estado en el ejército durante mucho tiempo, está acostumbrado a ello. Sin embargo, ahora ve despertarse temprano como un lujo. Ejercitará y luego limpiará, listo para sus tareas comerciales. Cuando tiene hambre, típicamente consume una comida nutritiva. Si hay una clase de Jiu Jitsu ese día, él irá a la práctica. Por último, si quedan tareas relacionadas con el trabajo, trabajará en ellas. Sus días están optimizados para dirigir el mayor tiempo y atención hacia las metas que tienen más valor para el día.

Capítulo

Dos Tim Ferriss Empresario

"Al trabajar solo cuando eres más efectivo, la vida es más productiva y más placentera. Es el ejemplo perfecto de que tengas tu pastel y te lo comas, también" Tim Ferris

Conocido por experimentar con él mismo, Tim es una autoridad en la división de temas y habilidades complejas, haciéndolos repetibles, sin importar cuál sea su nivel de habilidad. Merece la pena discutir su mentalidad en sistemas, ya que cuenta con múltiples libros, presentaciones en televisión, programas de televisión, conferencias, discursos y un popular podcast con invitados de gran valor, como Tony Robbins y Arnold Schwarzenegger.

En sus primeros años, Tim experimentó con muchos métodos. ¿Cuál es la mejor manera de estudiar? ¿Qué estimulante mental es saludable y efectivo? ¿Qué ejercicios de entrenamiento entrenan a la mayoría de las partes del cuerpo y con cuáles puedes vivir? Años de probar varios métodos resultaron en una gran cantidad de información y lecciones. Una de las lecciones que más le puede escuchar es establecer sistemas y rutinas que se pueden seguir, brindándole los resultados que desea. Tomemos como ejemplo un día de la vida de Tim.

Al despertarse, se prepara un saludable desayuno y té. Mientras tanto, tomará cinco minutos para reflexionar sobre algunas cosas de las que está agradecido. Completaalgunas tareas y después del almuerzo él desarrolla un entrenamiento. Después de su entrenamiento, programa un bloque de tiempo, como en la mañana, para completar cualquier prioridad para el día o un proyecto en el que esté trabajando. Llega la noche y comienza una rutina de relajación; En algún lugar de este bloque de tiempo por la noche, tomará cinco minutos para reflexionar, sobre cómo fuesu día.

Los puntos principales que se deben

observar son los bloques de tiempo que programa y la cantidad de tareas asignadas por bloque. Por ejemplo, desde las nueve de la mañana a las doce de la tarde para una tarea, una prioridad. Rara vez abordará tareas múltiples por bloque de tiempo; el cambio de tareas es algo que ha visto como inefectivo. Elija una tarea, cree un bloque de tiempo para completar esa tarea y luego pase a la siguiente prioridad. Combine esta táctica con otras rutinas, como comidas saludables, ejercicio y tiempo para reflexionar y pensar, comenzará a tener cierto nivel de progreso en las áreas de la vida que ha elegido.

Capítulo Tres

Stephen KingEscritor

"Hay ciertas cosas que hago si me siento a escribir" - Stephen King

Un titán en el mundo de la literatura, Stephen King ha escrito muchos libros; múltiples convirtiéndose en películas exitosas. Los años de prueba y error han llevado a Stephen a ser competitivo durante años. Después de haber estado en los principales programas y entrevistado extensamente, sus lecciones sobre disciplina en la escritura han sentado las bases para que los nuevos escritores construyan; Lecciones que pueden aplicarse a áreas distintas de la escritura también.

Al igual que Tim Ferris, Stephen usa rutinas para cambiar su mente al modo de trabajo. Normalmente comienza a escribir entre las ocho y las ocho y media, toma una taza de té y usa un escritorio para escribir. Consistencia. Prefiere tener artículos en el mismo lugar en toda su casa, por lo que está rodeado de orden. El ambiente en que se encuentra una persona afecta su comportamiento. Ser limpio y ordenado y tener un ambiente limpio y ordenado van de la mano. Las pequeñas cosas que se hacen constantemente crean buenos hábitos y los buenos hábitos construyen una fuerte disciplina.

Otra lección que podemos aprender de Stephen es su compromiso de eliminar las distracciones. Una de las razones por las que se sienta en la misma mesa y al mismo tiempo es rechazar todas las demás tareas que no afectan directamente a su escritura; Cuando está en su rutina o sistema, el objetivo es escribir. Similar a Tim Ferris, Stephen no cambia de tareas; De ocho a ocho y media, taza de té, y en el mismo escritorio significa que el tiempo de escritura está aquí.

Capítulo Cuatro

Joe RoganCómico

"Supera esa lucha [cualquier cosa en la que estés tratando de mejorar], te sentirás mejor..."

Nunca ha disfrutado que se le diga qué hacer, Joe comenzó como comediante desde muy joven. A pesar de las presiones de la sociedad para seguir un camino más tradicional, como la universidad y un horario fijo, se dedicó a aumentar su habilidad como comediante. Con el tiempo, su reconocimiento creció y se expandió a programas de televisión, como Fear Factor, que anuncia peleas de UFC, Joe tiene experiencia en artes marciales y presenta un podcast exitoso.

La alegría no puede existir sin los límites de la disciplina. Joe se despertaba muy temprano cuando enseñaba en la universidad de Boston; Él enseñó una clase de artes marciales. En su mente, despertarse temprano le dio una ventaja, una ventaja sobre el resto de las personas en el mundo. Con el tiempo extra que tenía, él dirigiría más atención a su escritura. Esto, a su vez, aumentaría su rendimiento y, con el tiempo, se haría un nombre que lo llevaría a otras oportunidades lucrativas. Joe no tendría la alegría que tiene en la vida y las diferentes actividades que tiene ahora si no fuera por el fundamento de la disciplina en múltiples áreas de su vida.

Sólo haz el trabajo. Lo más probable es que te sientas mejor después de un entrenamiento. Te sentirás mejor después de cumplir tu lista de tareas. Te sentirás mejor después de planear qué comer. Se sentirá mejor... La disciplina parece ser un rasgo beneficioso y la forma de tenerla es tener la mentalidad correcta hacia ella. La disciplina es dura a veces, pero rara vez te engaña o te hace daño; la mayor parte del tiempo te impulsa hacia cosas grandes y sanas en la vida. Con esta mentalidad, puedes comenzar a vivir la vida que deseas ahora mismo. La disciplina es buena para ti.

Resumen

La disciplina es un músculo. Cuanto más lo ejercites, mejor se vuelve. Con las lecciones directas que hemos discutido, puede comenzar a ejercitar su disciplina inmediatamente. La disciplina es buena para usted. Cuanto más sólido sea el fundamento de la disciplina, más libertad y poder tendrá para perseguir lo que cree que es importante; Más libertad para perseguir lo que le trae alegría. Tómese un tiempo para pensar y planificar lo que necesita hacer y qué objetivos, personales o profesionales, son importantes para usted. Después de esto, simplemente comience. No siempre tendrás una gran rutina o sistema, pero a través de la coherencia descubrirá lo que funciona para ti. A continuación hay una lista de los rasgos comunes que tienen estos cuatro estudios de caso; Úsalos para orquestar una vida llena de alegría legítima. Simplemente comienza...

Rasgos exitosos

- <u>Despertarse temprano</u>: es posible que no necesite levantarse a las 5 a.m. como

Jocko, pero todo lo que necesita es despertarse hasta 30 minuetos antes. Tómate un tiempo para pensar qué será lo mejor para usted.

- <u>Comer comidas saludables</u>: pequeños pasos aquí. Más agua que soda. Una golosina menos dulce. Estas pequeñas cosas pueden tener un cambio monumental en tu vida. Combinado con comidas principales saludables, su cuerpo estará listo para ayudarlo a alcanzar sus metas.

- <u>Una mente despejada</u>: una tarea a la vez. Deje que otras personas corran en su lugar o a un ritmo lento, tratando de hacer malabares con demasiadas tareas a la vez.

- <u>Siga soñando</u>: estas cuatro personas, y casi todas las demás personas altamente exitosas, siguieron soñando y trabajando por sus sueños sin importar sus circunstancias.

- <u>Simplemente comience</u>: los sueños siguen siendo sueños si no haces un plan y luego comienza a hacerlo. Sea consistente en las cosas pequeñas todos los días; ellas se suman.

- <u>Ejercicio:</u> nada que complique aquí. Mueva el cuerpo. No tiene que hacer cosas extremas; Si quiere aunque siga adelante. Una barra para levantar y ejercicios simples de peso corporal combinados con algo de cardio, comidas saludables y consistencia, pueden transformar su cuerpo; Poniéndolo en una categoría en la que pocos estadounidenses están.

Si le ha resultado útil este estudio, háganoslo saber. Siempre estamos buscando publicar la próxima guía o estudio beneficioso y sus comentarios nos ayudan a producir más libros para usted. Simplemente vaya a este enlace, desplácese hacia abajo hasta que vea un cuadro de "escribir una revisión" y haga clic. ¡Escucharemos lo que tenga que decir!

www.ingramcontent.com/pod-product-compliance
Lightning Source LLC
LaVergne TN
LVHW020434080526
838202LV00055B/5179